Poemasbajos / Netherpoems

Sudaquia Editores.
New York, NY.

El Gato Cimarrón

Poemasbajos / Netherpoems

Odette da Silva

Sudaquia Editores.
New York, NY.

Published by Sudaquia Editores
Collection Design by Sudaquia Editores

First Edition Sudaquia Editores: January 2020
Sudaquia Editores Copyright © 2020 All rights reserved.

Printed in the United States of America

ISBN-10 1944407502
ISBN-13 978-1-944407-50-6

10 9 8 7 6 5 4 3 2 1

Sudaquia Group LLC
New York, NY

For information or any inquires: central@sudaquia.net

www.sudaquia.net

The Sudaquia Editores logo is a registered trademark of Sudaquia
Group, LLC

Índice

Holanda	15
My dear suicidal friends	17
Archut	19
Delft	21
La casa se vino abajo	23
Escher	25
Utrecht	27
Hekkert	29
Te estoy buscando	31
D.	33
Luxemburgo	35
I don't want the weight	37
Inge	39
Van der Male	41
N.S.	43
Gooren	45
No sé si sea yo	47
Jiménez	49
P.	51
I'm afraid	53
Amberes	55

Eindhoven   57
Rietveld Schröder   59
Going Dutch   61
Intercity (S)   63
Intercity (N)   65
Iweta   67
It comes in waves   69
La Haya   71
Dr. Jager   73
Mi más profundo amor   75
Randstad Rail   77
Post   79
Rotterdam   81
Victory Boogie-Woogie   83
Dr. Piet   85
De Rijk   87
Everybody is trying hard   89
Bitterballen   91
R.A.G.   93
No subestimo la mano   95
Corbijn   97
Preguntas por qué no me mato   99
Kooijman   101
Scheveningen   103
Vincent   105
Haagse Bos   107
A'dam   109

Úsame, amor   111
Netherlands   113

Estos poemas fueron escritos en Holanda, entre 2013 y 2015. Algunos fueron escritos en español; otros, en inglés. Todos se rehusaron a ser traducidos—quizá porque hay algo de música en ellos, y es solo a través de esta música que pueden dar voz a las regiones más bajas del alma.

These poems were written in the Netherlands, between 2013 and 2015. Some were written in Spanish; others, in English. They all refused to be translated—maybe because there is some music in them, and it is only through this music that they can give voice to the nether regions of the soul.

Holanda

Si bajo de las más gélidas alturas,

no es para celebrar el cumpleaños del rey

ni para lamentar los resultados del fútbol.

Yo no vengo a admirar viejos molinos, diques,

ni el pedazo de tierra que Dios no creó.

No vengo a admirar prostitutas, tulipanes,

y, si necesito drogas, no son suaves.

Si bajo de las más gélidas alturas,

es para descender al abismo, tocar fondo.

Que no haya sosiego para mi alma inquieta,

que me incendie el deseo, me consuma la pena,

y, si escribo versos, que sean sucios.

My dear suicidal friends,

I would love to save us all.

But when you choose to use the railways,

I'm just mad I'm late for work.

Archut

Un edificio abandonado acogía al desnudo que
sostenía un cuchillo y estaba al borde siempre al borde
de utilizarlo mientras yo tomaba té y te oía hablar de
todas las vidas que habías vivido y todas las drogas
que habías dejado y pensaba en vano que algún día
accedería a dejarme dibujar y trazaría en torno a ti
todos y cada uno de mis trazos inútilmente pensaba
que podíamos acercarnos pues nunca más te vi pues
debías de tener razón sobre la incompatibilidad de
nuestros astros.

Delft

I am blue, just like you.

There is no pearl to save me

from the darkness of it all.

I fall without beauty.

I fall slowly, but steadily,

like the summer sun.

There is no ground to hit.

There are no hands to hold.

No one will miss me

when the night has come.

La casa se vino abajo.

Debí anticiparlo.

Las paredes se enmohecían

sin importar cuántas veces las pintáramos

y el piso de madera tenía grietas profundas.

Pero el barniz era espeso.

Al olor fétido que despedían las alcantarillas,

me oponía con buenas calificaciones

y fiestas de cumpleaños.

En vano.

El cuarto de mi infancia ya no existe.

Me uno a los huérfanos

en un coro de desamparo.

Escher

I need no lithograph
to prove that I can tessellate.

I turned my heart into a plane
and placed my feelings into cells
for a number of reasons.

My love is mathematical,
my lust is geometric,
my grief—infinite like a waterfall.

I no longer cry.
My tears are kept in polygons.

Utrecht

Si te pido que me lleves lejos,

no lo tomes literalmente.

El tren a casa lo perdí hace mucho

y no necesito más que un rincón

para pasar la noche.

Hekkert

Dear Professor, I am eager
to take such responsibility,
just beware I can't do stats
without romantic irony.

I will try to capture beauty,
for I am a victim of its spell,
but I'd rather use poetry
than a seven-point scale.

Te estoy buscando entre notas al pie de página me voy perdiendo sin método ni rigurosidad y si no te encuentro ahora si no te encuentro cuando ya no puedo más con el peso de los muros cuando ya no puedo más con el peso de mi alma permaneceré condenada por siempre sometida a la máquina pensante que nos une y nos separa.

D.

We, the ones who laugh, at times too loudly,

are sad for no good reason.

We, hung-over on the morning train,

with dark circles around our eyes

and not enough eyeliner to make up for them.

Make-up to make up for what's broken

and can't be glued back together.

For what's fine, perfectly fine.

We, the spoiled ones,

were fed sweet, sweet puddings on Christmas Eve

and given guitars, sewing machines to make things better.

We can afford to be sad 'cause we have a good life.

We can afford to stare at the ceiling for months.

Months of nothingness but thoughts

and questions about physics.

For the body must not hit the ground or float.

We, the ones who hurt, at times too quietly,

are mad for all good reasons.

We see the cracks in birthday parties and wedding cakes,

we see the cracks within us.

But we're fine, perfectly fine.

Luxemburgo

Pensé que me burlaba yo de ti

diciendo que no había evidencia

de tu ducado en los mapas.

Fuiste tú quien se burló de mí

trazando tus fronteras

alrededor de mi hermana.

I don't want the weight,

the remains of a house I never bought.

I don't want bank account numbers, security codes,

the money I never saved.

I don't need to know how hard it was to sign the papers

'cause I'm coming undone—the Rolex can't save me,

nor all the treasures from the seventies,

when all was good.

I've drowned the diamond in a glass of beer

to the beat of bad rock classics.

I'd trade the gold for sleeping pills

in a heartbeat.

Inge

Solo unas manos ásperas

podían consolar al forastero extraviado,

habituado a encerrarse en baños públicos

para romper en llanto.

Van der Male

You are the way back to the bar where I left my mittens.

You are the long way back to warmth.

I am the mittens—lost and out of season.

How many times will I lose myself to be found in a bar?

N.S.

El día que partió mi madre, me hice la fuerte.

Cargué su maleta al vagón a duras penas

y le hice muecas desde la plataforma.

Rompí en llanto en cuanto el tren partió.

El día que partió mi padre, quise ser fuerte,

pero lloré al abrazarlo frente al vagón.

No pude contener el llanto frente a su ventana,

menos aún después de que el tren partió.

Mis padres también quisieron ser fuertes

al despedirse de mí en aquella plataforma.

Ambos me dijeron que me querían mucho.

Ambos lloraron en cuanto el tren partió.

Yo permanezco en la misma estación,

pero no soy la estación ni soy los trenes.

Si tengo alguna fuerza, es la de los rieles,

siempre atravesados como el corazón.

Gooren

I miss you at lunch.

Everyone else has eggshells

and decent jokes to crack.

I miss you in the hallways.

No one else has magic powers

to open the doors.

I miss you on the train.

Back and forth, back and forth.

No sé si sea yo el alcohol el deseo perdiendo el tren irrumpiendo habitaciones en la mitad de la noche invadiendo la noche el dominio de algún gato despertando sobre el piso no sé si sea yo el pavimento golpeando el rostro de otro hombre dejando una herida a mi paso una costra inocultable en horario de oficina ansiando más archivos prometiendo más y más lugares cálidos no sé si sea yo la destrucción el fuego ansiando nuevos incendios queriendo dibujar con cenizas una y otra vez la comisura torcida de los mismos labios.

Jiménez

You let me into your fortress of guava sweets,

but you should not trust me with sugar walls.

I will set them on fire—they will melt.

I will welcome the enemy with *stroopwafels*.

P.

No te rindas,

enséñame a hablar tu idioma.

Te ofrezco las ganas de enmendar

los errores cometidos entre líneas.

Te ofrezco todos mis subjuntivos

perfectamente conjugados.

No puedo entregarme,

pero te ofrezco mi atención,

la torpeza infantil de mi boca

intentando palabras imposibles,

la obediencia de la mano

que persigue con tinta tu voz.

No puedo entregarme

a esta lógica a destiempo,

pero te ofrezco la absurda promesa

de ser completamente explícita,

el deseo de someterme

a tu gramática impecable.

I'm afraid

you'll never care like you care about football on TV

and I won't be saved by your silent prayers,

but that's alright given my pressing of your shirts

and the sweetness of your pork belly.

Amberes

Cualquier caja es demasiado chica para contener a
un padre que haya sido amado tanto como aquel que
espera en el lobby de un hotel y me saluda como si
siempre estuviéramos ahí para abrazarnos como si ya
no tuviéramos que extrañarnos más nunca y el abrazo
en efecto no sé cómo el abrazo desvanece todas las
cajas la inminencia de la tierra y los gusanos.

Eindhoven

I've heard them say that you're nothing

'cause you've got no canals or history to tell.

I've heard them make fun of your accent,

but the joke was on them who don't know you.

They don't know the color of your sky before sunrise.

They've never been awoken by the picture of your horses.

They've never broken into the concrete boxes

where your secrets are kept in bubble wrap—

'cause they're precious, your secrets, Eindhoven.

I've seen you ride the wave of speed,

I've seen you lap dance for drowsy women.

You've had me lie about God for cigarettes,

you've had me pick up dead birds from the streets.

I've ran the same path five hundred times,

you've showed me five hundred shades of green.

You've had me wasted over and over,

hitting the pavement, eyes on the stars.

I've been held by the arms of graffiti.

I've been held by red velvet arms.

Rietveld Schröder

Solo en una casa

donde los muros se deslizan para fundir los espacios,

donde las ventanas se abren para borrar las esquinas

y el techo se pliega para dejar entrar la luz...

Solo en una casa como la que nunca antes conocimos

podíamos volver a encontrarnos.

Going Dutch

You,

who pointed the gun at my father's head

and tied my mother's hands behind her back,

you—not we—

shall forever be haunted by fear,

never again sleep through the night.

Intercity (S)

Me enamoré del chico

que preguntó si podía viajar a mi lado.

No tenía más de quince años

y habría debido ser intolerable,

pero era articulado

y puro.

Me enamoré del joven

que se sentaba frente a mí

sin importar el sentido en que viajáramos.

No quería ser molestado

y me temía

con toda razón.

Me enamoré del hombre

que jamás se sentaría frente a mí

ni viajaría a mi lado.

No tomaríamos nunca el mismo tren

ni nos tropezaríamos

en la plataforma.

Intercity (N)

It's not even nine a.m.
and the man is wasted.
He's sitting on the train
with all he owns in a bag.

It's only the two of us,
I'm afraid he'll ask for money.
Most of all I'm afraid of him,
I'm afraid of what he wants.

He asks whether I believe,
but I have no certainty.
I just strive for an answer
that won't make him mad.

I won't make him mad,

he's not losing his head.

He doesn't want my money,

he offers me bread instead.

It's not even nine a.m.

and I can't help being afraid.

I'm the one who's losing it,

the one who's got no faith.

Iweta

Te entrego el polvo acumulado en las esquinas

y una mancha que no creo que salga.

Te entrego el desorden de todas las cosas

y también las gracias

en una lengua doblemente ajena,

como si eso bastara.

It comes in waves.

It hits you like a car crash.

It hits you in the middle of the day.

La Haya

Para recibirme,

enviaste a un hombre brotado en ira

a gritarme cuanto insulto conocía

en medio de la calle

y sin razón.

Por mí,

prescinde de la diplomacia,

que se incendie el Palacio de la Paz,

que se vengan abajo una por una

tus embajadas.

Pero dame asilo,

cobíjame con tu violencia callejera,

refúgiame de esta guerra mía

que no termina

y nadie inició.

Dr. Jager

Had I trouble waking up?
Was my thinking slowed down?
Did I think of death too often?
Had I started making plans?

Are you sure it is the season
that is making me so sad?
I swear I want to trust you
and your big bright light.

But can the glare get rid
of a darkness born in summer?
What if the winter is just
a magnifying glass?

Mi más profundo amor

fue un amor sin rostro ni nombre,

demasiado abstracto para el mundo,

pero real como la náusea.

Mi más profundo amor

me entregó la calidez de la tierra,

el centro de gravedad de todas las cosas,

la expansión del universo.

Mi más profundo, mi más triste amor

dejó de sí poca evidencia:

apenas un rastro de sangre

y un hematoma en mi mano izquierda.

Mi más triste, mi único amor

fue una mala semilla

que me ofreció mientras pudo

toda su poesía y bondad.

Randstad Rail

The kids offer me an aspirin,

with *Hail Satan* written

all over their hands.

Thanks, but I'm allergic.

That's fucked up—they reply.

They might as well know

what it's all about,

for they are playing with dead lighters

and a play of dead lights

is all we've got.

Post

Tus medias sobre la alfombra pulcra de la facultad el
cansancio dices permite la revelación y me pregunto
si hace falta budismo cuando se tienen cerveza y un
estómago vacío o si aplica la ley de cierre más allá de
las diez cuando un funcionario nos echa y la corteza
cerebral nuestras capacidades motoras se rinden se
dejan vencer y ya no hay distancia entre la suciedad
del asfalto y el terciopelo de mi falda y ya no hay
distancia alguna entre nosotros.

Rotterdam

I follow you underground
as I'm having some fun,
but my laugh makes you angry,
so you call me a whore.

The gold in your mouth
makes me laugh even more,
soon you're shouting threats
at the top of your lungs.

I'm scared, yet I take you,
whether sober or drunk,
you're so mad and so violent
that you feel just like home.

Victory Boogie-Woogie

Henos aquí, un lienzo por siempre inacabado.

Una provisional cinta adhesiva sostiene nuestro orden,

la rectitud de nuestros ángulos.

Nada podemos hacer contra la fractura del pigmento,

pero intentamos la pureza del color primario.

Dr. Piet

Your degree is worth nothing

when I shed tears in your office

and you are not even capable

of handing me the tissue box.

De Rijk

Tendría que bastar Rembrandt,

pero la ronda nocturna no nos protege

ni nos sana una lección de anatomía.

Everybody is trying hard
to make me feel better.
But whatever they say,
they cannot get it right.

The future might be bright,
yet this darkness is present.
Others might also suffer,
still this suffering is mine.

Should I burst into tears,
do not wipe them away.
I need someone to hold me,
feel my pain, be quiet.

Bitterballen

Por primera vez las vimos
a través de sucias ventanillas.
Podíamos liberarlas insertando una moneda,
pero no valían lo que costaban.

Más tarde, en bares,
aprendimos a acercárnosles,
a obviar su sospechosa procedencia
entre la oscuridad, la cerveza y la mostaza.

Es cuestión de método,
nos explicó el padre de familia:
hendir los dientes en aquella piel tostada
hasta encontrar la sustancia de la carne.

La realeza, descubrimos,

también recurre a ellas.

Las adquiere en un discreto negocio,

como se adquieren todas las cosas reales.

R.A.G.

What if you didn't fix the engine?
What if I didn't hunt for words?
Would your hands still be dirty?
Could I still write this poem?

And could we find each other
on a less crowded street?
Should the maps be any different,
would they allow us to meet?

I'm running out of verses
so I rather take your hand.
There's a turn we don't make.
There's a door we can't find.

No subestimo la mano

que se acerca a mis cabellos

para remover alguna suciedad.

El trecho que recorre es infinito.

Corbijn

I could not hear the stars in the sky,

only the stars on stage spoke to me.

They sang words I could not utter,

they played sounds I could not make.

I wanted to capture all they embodied

in black and white, frame by frame.

Their light and shadow I made mine,

but I was doomed to never belong.

I wore their sunglasses, dyed my hair,

only to stare at my nothingness.

Preguntas por qué no me mato,

me hablas de amor en el cementerio.

Nunca visité la tumba de ningún ser amado

y son tres quienes en tres años han muerto.

El primero me besó en los labios,

el segundo me asqueó mientras comía,

el tercero se ofendió porque pagué la cuenta.

Todo entre nosotros terminó —dijo.

Adictos o infieles,

todos eran hombres buenos.

Preguntas por qué no me mato

y pienso en las complicaciones del método.

Un amigo lo intentó.

Acabó muy vivo para ser enterrado

y muy extinto para gobernar su cuerpo.

Nunca lo visité en el hospital

y sé que jamás visitaré su tumba.

También él me habló de amor alguna vez.

Me aseguró que se enamoraría de mí

si tuviese tiempo.

Preguntas por qué

y quiero pensar que algo aguarda por mí,

como una llama por arder.

Kooijman

I misjudged you

by the color of your shadow.

Never thought

you'd be the one to tell me

to be strong,

but not too strong.

Scheveningen

Me fusilarán cada vez que pronuncie el nombre de la playa,
pero al menos tendré el coraje de intentarlo.

Vincent

Now would be the time to leave,

to leave behind despair and color,

sunflowers, irises, almond blossoms,

crows and fields, potatoes, onions,

windmills, bridges and cafés,

narrow rooms and wooden chairs,

things no one would ever paint,

paintings that would never sell,

all the ache and all the trouble.

Now would be the time to leave.

The skies within tighten their swirl

as the night runs out of stars to offer.

Haagse Bos

No soy yo quien escribe,
son mis piernas, son mis pies
atravesando el bosque
con la constancia de las horas,
nueve kilómetros cada vez,
sin perseguir nada, sin huir,
son mis piernas, son mis pies
escribiendo sobre el suelo
signos de pantano o tierra seca;
signos ocultos excepto quizá
para las ardillas y las liebres
que todo lo examinan,

para las garzas y los cisnes

que todo lo contemplan;

signos ocultos excepto quizá

para las lombrices

que saben de humedad

y mundos subterráneos,

para los búhos y los cuervos

que habitan el día

con la oscuridad de la noche;

signos oscuros excepto quizá

para los troncos de los árboles

rasguñados por el granizo,

fracturados por el viento,

para el musgo que todo lo cubre

con violencia y suavidad.

A'dam

You take me on a ride, a violent ride,

through masses of people, trams and cars.

You do the cycling, I hold on tight,

passing the windows framed in white.

Narrow windows for narrow houses

with stairs too steep for me to climb.

I forget where I come from—have nowhere to go.

I want to stay as filth in the cobblestone.

You couldn't care less about my rhyme,

you just want to get a fix and get laid.

Your guitar might be missing a string,

but you can still play what you want to play.

I want to play the filth in the cobblestone,

so I guess you can have me anyway.

Úsame, amor,

consume mis fuerzas,

lléname de náuseas.

Habita mi piel

con pústulas y grietas,

patéame las entrañas.

Quiero sentir

el ardor que no conozco,

un dolor incalculable.

Domíname, amor,

deforma este cuerpo

y todo lo que soy.

Netherlands

I had a hunch we'd get along,

but never thought we'd do so fine.

I never thought I'd get to burn

or that you'd break the ice inside.

You take me in and out of holes,

foster my sorrow and desire.

You've turned into a home

for this homeless heart of mine.

Please don't ask me for how long,

don't you think about good-bye.

Should we let each other go,

you can keep my broken rhymes.

«Desde su primer poemario, *Escandinavia y otros destinos*, se advierte una poesía de otros lares, con el ansia de ver mundo, explorar otras tierras contrastantes. *Contra el viento del norte* confirma la intención poética de esta poeta venezolana, que con esta obra escrita en tierras nórdicas, maneja su poesía en la conjugación del español natal con lo que el finés y sueco le dicen».

Astrid Lander

Por la misma autora:

www. sudaquia.net

El Gato Cimarrón

Otros títulos de esta colección:

Contra el viento del norte — Odette da Silva

El amor tóxico — Leonardo Padrón

La puntualidad del Paraíso — Armando Rojas Guardia

La soledad de los mundos abolidos — José Antonio Ramos Sucre

Lenguas de seña — Enrique Winter

Litoral central — Juan Luis Landaeta

Métodos de la lluvia — Leonardo Padrón

Primer movimiento — Enrique Winter

Río en blanco — Adalber Salas Hernández

Secoya — Jesús Sepúlveda

Sobre las fábricas — Raquel Abend van Dalen

Una trinitaria encendida — Raquel Abend van Dalen

Wañuypacha / Partothötröl — Alberto Valdivia Baselli

www. sudaquia.net

El Gato Cimarrón

Próximamente:

Boulevard — Leonardo Padrón

Los románticos eléctricos — Hernán Vera Álvarez

Rocola Borderline — Juan José Rodinás

Traducción a lengua extraña — Luis Jorge Boone

Versus Ábalon — Luis Jorge Boone

www. sudaquia.net

Made in the USA
Las Vegas, NV
19 November 2024

12104291R00073